ODYSSÉE

D'UNE AMBULANCE COLMARIENNE

AUX ENVIRONS DE PARIS

(1870)

Dès le début de la guerre, la Société colmarienne de secours aux blessés s'était occupée d'organiser plusieurs ambulances locales ; celles-ci étant devenues inutiles par suite des événements, le Comité résolut d'envoyer deux ambulances dans les environs de Paris sur le nouveau théâtre de la guerre. La première fut placée sous les ordres de mon excellent confrère et ami le Dr Hummel ; le Comité de Colmar voulut bien me confier la direction de l'autre. J'eus pour aides et compagnons MM. Schmitt, pharmacien, Birmelé, Bott (Paul), Hoecher, Léonhardt (Théophile), Lévy (Sylvain) et Ortlieb qui partirent comme ambulanciers volontaires.

Le 8 septembre 1870, l'ambulance quittait Colmar pour se diriger sur Paris, où son personnel devait se mettre à la disposition du Comité central de la Société de secours aux blessés.

La voie de Belfort à Paris n'étant pas libre, il fallut de Belfort se rendre à Dijon, et de là gagner Paris par la ligne de Lyon.

Nous n'arrivâmes à Paris que le 10 au soir. Dès le lendemain nous nous présentions, au Palais de l'Industrie, à M. le Dr Chenu, médecin en chef de la Société, chargé de la direction générale des ambulances. Le Dr Chenu nous reçut très cordialement et nous pria de rester deux jours à Paris. Le 13 au soir, on nous délivra nos feuilles de route pour Tours où nous devions rejoindre les ambulances, alors en formation dans cette ville et dont l'organisation était confiée à M. le vicomte de Flavigny et à M. le Dr Gallard, médecin en chef du chemin de fer d'Orléans.

Notre séjour à Tours ne devait pas être de longue durée. Le 15, c'est-à-dire le lendemain de notre arrivée, il ne fut bruit que de combats livrés dans les environs de Paris et particulièrement du côté de Juvisy, sur la ligne d'Orléans à Paris. La délégation de Tours, pensant que des engagements plus sérieux pouvaient avoir lieu sur divers points du parcours de cette voie ferrée, résolut de diriger de ce côté une ambulance volante. M. le Dr Gallard voulut bien me charger de la conduire ; il m'adjoignit MM. Chaigneau, Ferrand, Patenostre et Rivière, étudiants en médecine, qui devaient avec mes amis et camarades de Colmar compléter le personnel de l'ambulance.

Nous avions ordre de nous rendre à Savigny-sur-Orge, près de Juvisy, pour y porter secours aux blessés qui devaient être, après les premiers pansements, dirigés par le chemin de fer, le plus loin possible des opérations militaires.

Le 16 au soir, nous quittons Tours, pour coucher à Vendôme ; le lendemain, départ pour Dourdan, puis de là pour Arpajon, où la ligne du chemin de fer était coupée. Nous trouvons une voiture et un cocher qui consent à nous conduire jusqu'à Savigny-sur-Orge ; nous n'avons plus qu'une petite étape à faire pour arriver à destination, mais, hélas ! nous avions compté sans les Allemands que nous ne tardâmes pas à trouver sur notre chemin.

A cent mètres environ de la gare de Brétigny, des soldats bavarois cachés derrière une meule de paille, se levèrent subitement à notre approche et croisèrent la baïonnette. On ne passe pas, nous dirent-ils. Ils nous ordonnent de descendre de voiture et forment le cercle autour de nous ; un lieutenant qui commandait le détachement ne tarde pas à paraître : il nous demande quel est le but de notre voyage, je m'empresse de le lui faire connaître, lui montrant les feuilles de route dont nous étions munis, nos brassards, notre matériel d'ambulance, etc. Il nous déclare très brutalement qu'il lui est impossible de nous laisser poursuivre notre route et qu'il ne peut pas davantage nous permettre de rebrousser chemin, attendu que nous avons vu leurs positions. J'insiste, je renouvelle mes explications et je proteste au nom de la Convention de Genève ; l'officier ne veut pas entendre raison ; un capitaine arrive sur ces entrefaites, approuve le lieutenant et nous fait conduire sous bonne escorte chez le colonel qui se trouvait dans un village voisin, le Plessis-Pâté. Le colonel, je dois le dire, fut plus poli que les officiers subalternes, mais il ne voulut pourtant pas nous permettre de retourner sur nos pas. Ordre est donné aux soldats qui nous accompagnent de nous conduire jusqu'à la ferme de Courcouronnes occupée par des officiers d'état-major : ces messieurs, ajoute le colonel, statueront sur votre sort. Là encore, on nous adressa les mêmes questions qui furent suivies des mêmes réponses ; puis, on nous dirigea sur Corbeil, où je fus conduit auprès du général bavarois von Hartmann, commandant le IIe corps bavarois. Réitérant la demande que j'avais faite aux autres officiers, j'insistai pour que nous fussions reconduits aux avant-postes, ainsi que le voulait la Convention de Genève, dont les termes, à cet égard, sont formels. « Nous n'avons que faire, me dit le général, de la Convention de Genève, à la guerre comme à la guerre ; vous êtes dans nos lignes et vous y resterez, vous et vos camarades, jusqu'après la capitulation de Paris. Vous êtes d'ailleurs parfaitement libres de circuler dans ces lignes, mais n'essayez pas d'en sortir, il vous arriverait malheur ; je n'ai pas autre chose à vous dire, retirez-vous. »

Il n'y avait plus guère d'illusions à se faire sur notre position. Nous étions en plein dans le camp ennemi, privés de toute communication soit avec Tours, soit avec l'Alsace ; notre situation devenait de jour en jour plus critique.

Il était 8 heures du soir lors de notre arrivée à Corbeil ; les hôtels regorgeaient de Bavarois, dans les rues partout des casques à chenille ; ce n'était pas chose aisée de trouver ce soir-là à Corbeil soit un morceau de pain, soit un gîte pour la nuit. Des sentinelles postées devant les boulangeries, en interdisaient l'entrée à moins d'autorisation spéciale ; un officier bavarois auquel j'exposai notre situation, fit cependant lever la consigne et nous pûmes ainsi nous procurer du pain. Il nous fallut ensuite chercher un abri pour la nuit ; après avoir erré dans la ville et avoir vainement frappé à bien des portes, nous nous adressâmes à la concierge du tribunal, et cette brave femme nous offrit comme dortoir le prétoir de la justice de paix. Inutile de dire que cet asile de nuit fut accepté avec empressement et reconnaissance.

Le lendemain matin, nous quittâmes Corbeil pour aller dans la direction de Melun, espérant toujours nous frayer un passage à travers les lignes prussiennes. A Melun, où nous sommes restés deux jours, les habitants nous firent un accueil des plus sympathiques ; je me souviens tout particulièrement et avec la plus vive gratitude de la bonne hospitalité que je reçus chez un de nos compatriotes, M. Bardel, originaire de Ribeauvillé.

Délogés de Melun par les Allemands, il nous fallut encore revenir sur nos pas et regagner la ligne d'Orléans ; après avoir passé successivement une deuxième fois par Corbeil, puis par Ris-Orangis, Juvisy, nous gagnâmes Savigny-sur-Orge qui était également occupé par les troupes allemandes. Là encore se rencontrèrent les mêmes difficultés pour le logement et la nourriture ; les Prussiens arrivaient en nombre considérable et le pays était épuisé par de continuels passages de troupes. Je ne puis parler de Savigny sans me rappeler la cordiale et généreuse réception que me fit le Dr Chairou ; je lui en garderai toujours la plus vive reconnaissance.

Le 22 septembre, nous revînmes à Arpajon où nous comptions passer la nuit ; à peine arrivés à l'hôtel, nous y reçûmes la visite inattendue d'un capitaine bavarois. Cet officier dont je ne sais pas le nom, mais dont je n'ai certes pas oublié les traits, nous interpella de la façon la plus grossière : « Il n'y a pas de place ici pour les Français autres que les habitants d'Arpajon : qui êtes-vous, que faites-vous, d'où venez-vous ? » Puis, sans attendre la réponse, sans vouloir examiner nos papiers, il ajouta : « Avant une heure vous aurez quitté la ville. » Sur ces mots il nous laissa, puis, revenant quelques instants après, il nous dit : « Non, vous ne partirez pas, vous passerez la nuit à Arpajon et demain je vous ferai conduire à Longjumeau. » Des soldats vinrent s'emparer de nous ; on nous mit chacun entre deux hommes, et on nous conduisit à la mairie. Nous passâmes la nuit dans une des salles de la mairie, gardés à vue ; les soldats étaient couchés sur de la paille, mais on nous en refusa ; le lieutenant qui commandait le poste nous défendait même de nous servir de nos couvertures et de nos manteaux. Le lendemain, 23 septembre, on nous fit monter dans deux voitures et nous partîmes pour Longjumeau, escortés comme des criminels par des gendarmes à cheval ; le quartier général bavarois se trouvait alors à Longjumeau. Ne comprenant plus rien à ce qui se passait et cherchant en vain à connaître les motifs de notre arrestation, je demande à voir le général. On fait droit à ma demande et les gendarmes me conduisent auprès du général von der Thann, commandant le Ier corps bavarois. J'essaie de me défendre, je veux savoir pourquoi on nous traite comme des malfaiteurs ; vains efforts, tentatives inutiles ; on m'impose silence. « Vous êtes *des chenapans*, dit le général, j'en sais assez sur votre compte. Gendarmes, conduisez ces gens-là où vous savez. »

On nous mène ensuite dans une petite maison située à l'extrémité de la grande rue de Longjumeau et dans laquelle était installé un poste de soldats bavarois à la garde desquels on nous confie.

Nous étions là soumis à une surveillance des plus sévères ; tous nos gestes et tous nos mouvements étaient épiés ; on nous prévint d'ailleurs que, si nous faisions la moindre tentative pour nous évader, nous serions immédiatement passés par les armes.

Qu'allait-il advenir de nous, de quels méfaits pouvait-on nous accuser ? La journée du 23 et la nuit du 23 au 24 se passèrent pour nous dans une anxiété facile à comprendre. Le lendemain, samedi 24 septembre, à 10 heures et demie du matin, nous recevons la visite du maire de Longjumeau, qui se présente accompagné d'un officier allemand. Le maire, très ému, vient nous annoncer qu'une accusation très grave pèse sur nous et qu'on nous prend pour des espions. Vous allez passer, dit-il, devant un juge militaire qui prononcera sur votre sort. Cet officier vous interrogera et si malheureusement il ne vous était pas favorable, *vous seriez fusillés demain matin* ; soyez calmes et défendez-vous bien. Inutile de dire l'effet que nous produisirent ces paroles et les angoisses qui les suivirent. Il n'était pas 11 heures et l'interrogatoire ne devait avoir lieu qu'à 4 heures ; cinq grandes heures à attendre avant d'être interrogés et de pouvoir une dernière fois nous défendre ; cinq heures, cinq siècles, que je n'oublierai jamais ! A 4 heures, on vient nous prendre pour nous conduire l'un après l'autre devant le juge (*Auditor*, comme l'appellent les Allemands) et nous interroger séparément.

Je passe le premier. On m'introduit dans une petite pièce située au-dessus de celle que nous occupions et où se trouvait déjà l'auditor. Les papiers qu'on a saisis sur vous ne nous prouvent rien, me dit en commençant l'officier allemand, les espions en ont toujours ; la mission dont vous vous prétendez chargés n'a pas de raison d'être ; il n'est pas admissible qu'on vous ait envoyés de Tours à Savigny pour ramener quelques blessés qui se trouvent d'ailleurs entre nos mains. Je vous demande la vérité, qu'êtes-vous venus faire ici ? De l'espionnage sans doute ; peut-être appartenez-vous à une de ces bandes de francs-tireurs qui infestent le pays et auxquels nous n'accordons ni trêve ni merci. Je me récriai vivement contre les accusations d'espionnage et me défendis en invoquant toutes les considérations de droit et de justice auxquelles je pouvais faire appel. « Je suis médecin, dis-je, mes camarades sont tous ou médecins ou ambulanciers, notre mission est une mission d'humanité ; nous sommes délégués par la Société internationale de secours aux blessés et nos brassards devraient nous protéger contre les violences que nous subissons et contre les accusations dont nous sommes l'objet. Mettez-moi en présence d'un de vos médecins et il lui sera facile de s'assurer de la véracité de mes assertions. » Je racontai notre première arrestation aux environs de Corbeil, mon entrevue avec le général von Hartmann qui, tout en nous défendant de sortir des lignes prussiennes, nous avait affirmé que nous pourrions y circuler librement. Je fis également observer que, parmi nos papiers, se trouvait un sauf-conduit allemand, qui nous avait été accordé par l'intendant de l'armée du Prince Royal, lors de notre passage à Melun. Mes réponses parurent faire une certaine impression sur l'officier qui nous interrogeait, mais il en revenait toujours à notre mission dont il ne s'expliquait pas l'utilité ; l'interrogatoire dura une demi-heure environ ; puis ce fut le tour de mes camarades, auxquels les mêmes questions furent adressées et qui se défendirent avec la plus vive énergie. A huit heures, on nous ramena tous devant l'auditor. « Messieurs, nous dit-il, je veux bien croire que vous êtes médecins ou ambulanciers et que vous appartenez à la Société de Genève, mais votre présence ici ne nous étant pas suffisamment expliquée, il m'est impossible de vous rendre la liberté, je vais vous faire placer dans une de nos ambulances qui se trouve établie très près d'ici et dans laquelle vous resterez en observation jusqu'à nouvel ordre. »

Nous avions donc la vie sauve et on ne parlait plus de nous fusiller le lendemain ; ne fallait-il pas se déclarer satisfaits d'une solution que nous n'espérions plus ? Et, en effet, que pouvions-nous attendre d'un ennemi qui fusillait sans pitié les malheureux francs-tireurs tombés entre ses mains et faisait juger sommairement et exécuter de pauvres et inoffensifs habitants dont le seul crime avait été d'opposer quelque résistance à l'envahisseur ? Que pouvait-on espérer quand on se trouvait à la merci des Bavarois, des sinistres héros de Bazeilles ?

Nous partîmes donc le soir même, sinon contents, du moins résignés, sous la garde de soldats qui nous conduisirent au château Villebousin, près Montlhéry, où se trouvait installée la IXᵉ ambulance bavaroise ; nous y fûmes d'abord l'objet d'une surveillance très rigoureuse et de tous les instants ; puis on nous accorda une certaine liberté, on nous permit de sortir du parc, d'aller et de venir dans les environs du château, mais notre libération définitive que nous ne cessions de réclamer nous fut toujours refusée. Nous restâmes complètement inoccupés : les médecins bavarois, malgré le grand nombre de malades auxquels ils avaient à donner leurs soins (l'ambulance regorgeait de soldats atteints de fièvre typhoïde ou de dysenterie), n'eurent jamais recours à nos services. Ces médecins ne nous témoignèrent d'ailleurs pas la moindre bienveillance ; ils n'eurent même pas pour nous les égards que commande la confraternité la plus banale.

Dans les premiers jours d'octobre, la IXᵉ ambulance quitta Villebousin et fut remplacée par la XIᵉ ; les médecins qui composaient celle-ci se montrèrent moins durs et moins arrogants que leurs prédécesseurs : notre situation devint plus tolérable, mais on ne se décidait toujours pas à nous renvoyer. L'un des médecins, le Dʳ Hermann, m'offrit généreusement d'intervenir en notre faveur, tout en me faisant observer qu'il était indispensable, pour avoir notre liberté, que l'un de nous se rendît à Versailles au quartier général.

Le 20 octobre, j'obtins pour mon ami Léonhardt et pour moi un sauf-conduit de vingt-quatre heures pour faire ce voyage. Arrivés à Versailles le 21 octobre à midi, notre première visite fut pour le Comité versaillais de la Société de la Croix-Rouge. Là, on nous adressa au prince Putbus, délégué de la Société allemande de secours aux blessés. Le prince nous reçut courtoisement. Après lui avoir fait le récit de nos aventures, je présentai ma requête et demandai pour mes camarades et pour moi, un sauf-conduit nous permettant de retourner à Tours. Le prince s'y refusa : « Vous devez être renvoyés dans vos foyers, je ne puis vous laisser et ne vous laisserai pas rejoindre l'armée française ; vous retournerez en Alsace, à Colmar, d'où vous êtes partis ; ce n'est qu'à cette condition que je vous accorde la liberté. » Il fallut bien accepter ce qu'on nous offrait. Munis de notre ordre de libération, nous repartîmes immédiatement pour retrouver nos camarades à l'ambulance bavaroise.

Nous voilà donc libres ou du moins libres de retourner en Alsace ! Mais comment regagner la ligne de l'Est ? Les moyens de transport étaient rares et on ne voyageait pas facilement aux environs de Paris ; il n'y avait plus ni chevaux ni voitures ; la voie ferrée n'était praticable sur la ligne de Strasbourg qu'à partir de Nogent-l'Artaud, station qui précède celle de Château-Thierry ; aussi ce ne fut que le 23 octobre que nous eûmes le bonheur de quitter les Bavarois. Nous retournâmes d'abord à Longjumeau ; de là notre première étape fut Lieusaint. Grâce à un ordre de réquisition que le maire de Lieusaint voulut bien nous accorder, nous pûmes nous procurer une voiture pour nous rendre à Tournan, puis à Coulommiers. Le 25, nous partîmes de Coulommiers dans la direction de Nogent-l'Artaud où nous arrivâmes le soir ; c'est de la gare de Nogent, comme nous l'avons déjà dit, que partaient les trains qui se dirigeaient vers Strasbourg.

Nous quittâmes Nogent le 26, le train marchait avec une lenteur désespérante ; nous avions parfois des arrêts de deux et de trois heures ; ce fut à huit heures du soir seulement que nous gagnâmes Châlons-sur-Marne. La journée du lendemain tout entière se passa à faire le trajet de Châlons à Nancy.

Le 28 au soir, nous arrivâmes à Strasbourg. Là, nouvel arrêt, nouveaux obstacles par suite du siège de Schlestadt ; la voie est coupée entre Strasbourg et Colmar, c'est une patache qui fait le service. Il faut retenir ses places 48 heures d'avance ; c'est le 31 octobre au matin seulement que nous quittons Strasbourg, et à 8 heures du soir nous sommes rendus à Colmar. Huit jours de voyage pour aller des environs de Paris à Colmar, à peu près le temps que met aujourd'hui un paquebot pour faire la traversée du Havre à New-York.

Telle fut l'odyssée de la deuxième ambulance colmarienne. Ses mésaventures, comme celles de beaucoup d'autres ambulances, suffisent à démontrer que, le plus souvent, la Convention de Genève resta lettre morte pour les Allemands.

Dr Émile NEUMANN.

Nancy. — Imprimerie Berger-Levrault et Cie.

www.ingramcontent.com/pod-product-compliance
Lightning Source LLC
LaVergne TN
LVHW050436060726
842526LV00007B/2629